Qué son

LOS NACIONALISMOS

Carlos Sáenz de Santa María

Qué son

LOS NACIONALISMOS

Carlos Sáenz de Santa María

Biblioteca de Divulgación Política

Editorial La Gaya Ciencia

1976

Biblioteca de Divulgación Política

dirigida y realizada por

Rosa Regás
Oriol Regás

Diseño de la colección e ilustración
de las cubiertas
Enric Satué

Coordinación de la parte gráfica:

China Biosca y
Anna Omedes

Fotos: Diario de Barcelona, Manuel Armengol,
Archivo Editorial Akal y La Gaya Ciencia

Impresión, **Gráficas Europeas, S. A.**
Botánica s/n. Hospitalet, Barcelona

Dep. legal B. 38.122-76

ISBN-84-7080-968-7

Distribución para toda España,

Distribuciones de Enlace,
Ausias March, 49. 245 54 23. Barcelona

ÍNDICE

A Pilar

INTRODUCCIÓN

Con frecuencia se me ha preguntado porque, no viviendo en la periferia, abordo un tema tan complejo como el de las nacionalidades del Estado Español. A mi juicio, para esto, hay dos razones fundamentales. La primera es que no somos pocos los que, hablando a distancia de las nacionalidades, queremos argumentar defendiendo el derecho a las libertades democráticas y a las libertades nacionales que tienen los pueblos que componen el Estado español. La segunda razón es la obligación que tenemos todos de contribuir, por modestamente que sea, al **necesario debate sobre el problema nacional y la futura configuración democrática del Estado español,** tras el colapso evidente del Estado centralista y autoritario.

Las líneas que siguen no pretenden ser afirmaciones absolutas y cerradas, están abiertas al debate. No son en realidad más que una primera aproximación, una primera reflexión, acerca del problema nacional en nuestro Estado, huyendo de cualquier afirmación fácil o demagógica. Son un compromiso público de defensa de los derechos y libertades de las naciones y regiones que forman el Estado español. La diversidad de nuestros pueblos, la liberación de sus energías creadoras, así como de sus aspiraciones más profundas, son las bases más sólidas en las que se debe cimentar el futuro Estado democrático.

1. QUÉ ES EL NACIONALISMO

1.1. El primer nacionalismo de la burguesía

Como ideología y como movimiento político, el nacionalismo es un fenómeno ligado al desarrollo del modo de producción capitalista. El nacionalismo moderno surge con la Revolución Francesa como motor de la unificación territorial, política y económica, de los estados contemporáneos. Fue producto de la polémica ideológica que los revolucionarios franceses mantuvieron contra las fuerzas feudales del antiguo régimen. En su lucha contra la sociedad estamental, rígidamente jerarquizada e inmutable del orden feudal, la burguesía industrial, mercantil y financiera necesitaba unificar en torno suyo al pueblo y romper la dependencia entre éste y la persona del rey. La burguesía defendió la igualdad sustancial de todos los hombres, los elevó a la categoría de ciudadanos, unificándolos en torno a la idea abstracta de pueblo, movido por intereses que ella misma formulaba, hegemonizando todo el proceso. El grito de ¡Viva el

Rey! fue sustituido a partir de 1792 en Valmy (Cromwell también lo había utilizado en la Revolución Inglesa de 1648 tras la ejecución de Carlos I) por el de ¡Viva la Nación! Con esto la burguesía fue logrando el derrocamiento de los obstáçulos económicos e institucionales feudales o semifeudales que impedían su dominación.

En sus primeras manifestaciones el nacionalismo jacobino de la burguesía estaba vinculado al racionalismo filosófico. Afirmaba el imperio de la razón, los derechos humanos inalienables, la igualdad de todos los hombres y la igualdad de sus intereses. Estaba impregnado de universalismo y de cosmopolitismo.

Oliver Cromwell

Así desarrolló una concepción mesiánica y positiva que fue el gran vehículo de expansión de las ideas revolucionarias antifeudales y liberales en los países sometidos todavía al yugo del absolutismo.

1.2. El nacionalismo conservador

En contraposición con el nacionalismo jacobino de la burguesía revolucionaria se desarrolló la segunda gran corriente del nacionalismo del siglo XIX, la del nacionalismo germánico. Este surgió en unas condiciones sociales distintas del anterior, que en cierta medida determinaron su carácter. La Alemania de los casi dos primeros tercios del siglo XIX estaba polarizada por dos grandes fuerzas sociales. La burguesía industrial **renana** al Oeste y los grandes propietarios (junkers) prusianos al Este. Aquella era de ideas liberales y democráticas, pero temerosa tanto de la burguesía prusiana, como de la francesa, dejó que la hegemonía del proceso de unificación alemana la tuviera la aristocracia de los junkers por medio del Estado de Bismarck.

De esta manera se consolidó un nacionalismo que se basaba en el culto romántico y sentimental de la tradición, en una concepción cerrada del Estado, en una visión organicista de la historia, en un culto de los supuestos valores de la raza. Es decir, que en contraposición con el primer nacionalismo burgués, que aspiraba a una visión racional del mundo y de la sociedad, el germánico tenía una visión fundamentalmente irracional. Exaltaba la costumbre espontánea y la continuidad histórica frente a las rupturas artificiales. Afirmaba que el Estado y el Derecho son producto del **espíritu del pueblo** (Volkgeist), concepto vago y metafísico, que era la expresión y síntesis del largo e inconsciente desarrollo del pueblo. Este «espíritu del pueblo» fue la base del nacionalismo alemán, y el que sustituyó al «ciudadano» de los revolucionarios jacobinos. Según la concepción filosófica romántica que dio forma al nacionalismo germánico, la unidad nacional sólo podría conseguirse como producto y maduración de un estado anímico de los hombres.

Sin embargo, el carácter conservador del nacionalismo no sólo se desarrolló en Alemania. Ya el primer nacionalismo revolucionario de la burguesía estaba impregnado de cierto irracionalismo y tradicionalismo proveniente del Antiguo Régimen. El mismo

Bismarck.

Rousseau, que es considerado precursor de la Revolución Francesa, fue utilizado medio siglo después por las corrientes conservadoras y románticas predicando en su nombre los valores irracionales, el «espíritu» nacional y las costumbres populares fieles a sus propias tradiciones.

En definitiva, el nacionalismo liberal surgido de la Revolución Francesa y que inspiró a los movimientos revolucionarios de 1830 y 1848 en Europa, era una mezcla entre la aspiración racionalista y universalista y el irracionalismo místico y voluntarista. El carácter contradictorio de aquél se decantó progresivamente en favor del segundo aspecto, conforme la burguesía veía consolidada su posición y se fue haciendo significativa la diferenciación de las clases dentro de los estados-nacionales. Primero la Revolución de 1848 y sobre todo la de 1871 y la represión de la Comuna, hicieron comprender a la burguesía que los posibles restos del Antiguo Régimen, eran menos peligrosos para ella que la acción revolucionaria de un proleta-

Jean Jacques Rousseau

riado que ya era capaz de actuar en lo político y en lo ideológico de manera totalmente autónoma. En la práctica esto tendría iguales consecuencias que el acuerdo entre la burguesía y la aristocracia en Alemania, ya que la III República Francesa, fue la del compromiso entre la burguesía industrial de las ciudades y los notables rurales.

Esta transformación dialéctica del carácter revolucionario del primer nacionalismo burgués, en nacionalismo conservador, fue expresada por Renan, que el 11 de marzo de 1882 pronunció en la Sorbona su conferencia titulada «¿Qué es una Nación?» interpretando ésta como «un plebiscito de todos los días» que «supone un pasado (que) se resume en el presente por un hecho tangible: el consentimiento, el deseo claramente expresado de confirmar la vida en común». Idéntica transformación expresó por su parte Mazzini en Italia con su visión mística e irracionalista que le llevaba a considerar la vida de la nación exclusivamente como «una fuerza y una función en el plan universal de la Providencia».

Robespierre (1758-1794) una de las grandes figuras de la Revolución Francesa.

Con todo esto la burguesía había llegado a patrocinar un nacionalismo conservador, acentuando los aspectos místicos, irracionales y voluntaristas que aquél encerraba ya en un principio, de una manera unilateral.

1.3. **El Nacionalismo Imperialista y el Fascismo**

Hacia 1871 el capitalismo había recorrido un siglo de implantación, de expansión y despliegue de la revolución industrial. Los países más importantes del occidente europeo habían alcanzado unos niveles lo suficientemente amplios como para que la dinámica interna del capitalismo nacional les exigiera ir más lejos. Ciertos países capitalistas avanzados comenzaron a competir en el mercado mundial de productos industriales, los monopolios adquirieron un carácter dominante y la exportación de capitales pasó a ser el elemento básico de las relaciones económicas mundiales. Así el desarrollo capitalista alcanzó una nueva etapa, caracterizada por una dura rivalidad en el mercado, por la necesidad de la expansión territorial. Es la época del imperialismo.

Es en estas condiciones en las que la burguesía autónomamente, o en combinación con la aristocracia terrateniente, necesita afirmar su hegemonía no sólo en su propia nación, sino también con respecto a las demás. En Francia, Inglaterra y Alemania se impone una concepción orgánica de la sociedad, la única diferenciación que se reconoce es la de la diversidad de funciones. El pasado común, la lengua y la psicología, en definitiva el espíritu nacional, es la fuerza unificadora que permite a la burguesía dominante considerarse como la representación más genuina de la comunidad, hacia el interior y hacia el exterior. Junto al organicismo, el evolucionismo fue utilizado como fundamento teórico de la «ley del más fuerte», de la «lucha por la existencia», de la victoria de «los más aptos» y en definitiva del colonialismo.

El nacionalismo y el militarismo dejaron de servir —como dice P. M. Sweezy— al propósito de realizar la unificación interna y la implantación burguesa de la libertad, para convertirse en armas de la lucha mundial entre grupos capitalistas rivales. La idea nacional —como dijo Hilferding— pasó del reconocimiento del derecho a la autodeterminación y la independencia, hacia la glorificación de la nación propia contra las demás.

Adolfo Hitler (1889-1945)

Así en Alemania Von Treitsche y Von Clausewitz; en Inglaterra Carlile, Kipling y otros, se convirtieron en los portavoces de la expansión imperial, del belicismo y de la «misión providencial» de su propia nación, llamada a transformar el mundo.

Son estas bases, en resumen, las que explican las guerras coloniales y las guerras de redivisión de los territorios entre las potencias imperialistas del siglo XX. Esto es lo que explica la I Guerra Mundial y, en gran parte, la II Guerra Mundial.

La involución del nacionalismo conservador, en nacionalismo imperialista culminó en la década de los 30 con la exaltación mística de los regímenes totalitarios o racistas de la Alemania nazi de Hitler, la Italia fascista de Mussolini, la Francia de Vichy de Pétain y la España de Franco. El nacionalismo fascista, para nosotros tan cercano y conocido, pretende desarrollar —como dice M. Duverger— el orgullo de un pueblo, afirmar su superioridad sobre los demás y mantener su odio contra los enemigos del «extran-

Francisco Franco (1892-1975)

jero». Es un nacionalismo que tras épocas de depresión y derrota sirve para justificar las medidas autoritarias e impopulares en el interior, para impulsar una artificial solidaridad «nacional» y para enmascarar la dominación de una clase sobre otras, tras la imagen de unidad de todos los habitantes de un país, frente a los de otros países. El nacionalismo fascista fue derrotado en la II Guerra Mundial y en cualquier caso acaba muriendo con los dictadores o con la victoria de la lucha democrática de los pueblos, pero es un peligro que existe potencialmente y que reaparece en formas diversas en momentos de crisis política y económica.

1.4. **El nacionalismo anti-colonial**

Como consecuencia del triunfo de la Revolución de Octubre de 1917 en Rusia, con la nueva conciencia nacional y democrática que se desarrolló en los pueblos sometidos al dominio colonial, comenzaron a desarrollarse movimientos nacionalistas que sirvieron de aglutinante a sectores progresistas de la intelectualidad y del ejército, a una cierta burguesía y a las masas obreras y campesinas. En algunos lugares (India, países árabes, etc.), el nacionalismo fue utilizado por la burguesía para controlar el movimiento emancipador y ponerle al servicio de sus intereses. En otros (China, Vietnam, Cuba, etc.) la fusión del nacionalismo y el socialismo fue uno de los factores

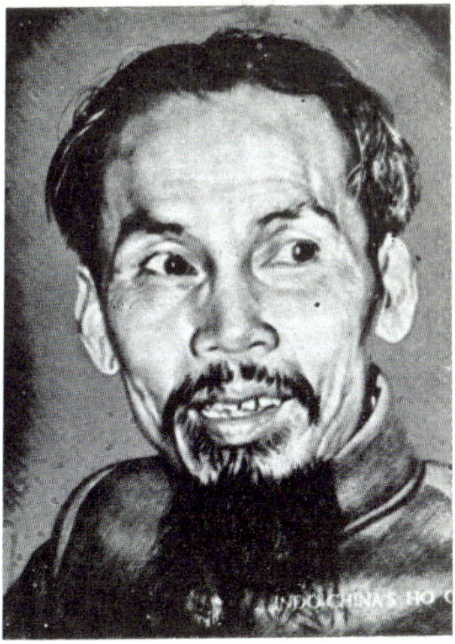

Ho-Chi-Min (1890-1969)

dinamizadores básicos del proceso revolucionario, demostrando a la vez que la hegemonía del problema nacional podía ser llevada por una clase distinta a la burguesía.

1.5. **El nacionalismo de las burguesías marginadas**

Sin embargo, es totalmente insuficiente esquematizar —como hemos venido haciendo hasta ahora— la complejidad de la problemática que encierra el nacionalismo. Máxime si, como queremos aquí, pretendemos analizar el problema de las nacionalidades y las regiones en el Estado Español.

En efecto, la problemática del nacionalismo en el siglo pasado, se introduce en el interior de los estados pretendidamente unidos, en la medida en que la burguesía unificadora —en nuestro caso, la oligarquía financiera y terrateniente— no logra convertirse en clase hegemónica única, dentro de un bloque dominante único. Cuando dentro de un mismo estado subsisten núcleos cultural y económicamente diferenciados, surgen rivalidades entre las diversas burguesías o clases dominantes «opresoras» y «oprimidas» interpretando los intereses colectivos y la discriminación del pueblo al que intentan movilizar en torno suyo, representándole frente al adversario. Así el choque entre dos clases dominantes o **que aspiran a serlo,** aparece como un choque entre pueblos, entre naciones.

De este modo, en el siglo XIX surgieron una serie de movimientos nacionalistas inspirados principalmente en el nacionalismo germánico, por oposición al nacionalismo centralista liberal francés. Algunos de estos nacionalismos fueron aprovechados tras la I Guerra Mundial para reconstruir el mapa político europeo en beneficio del imperialismo inglés y francés, intentando limitar la expansión alemana y la revolución socialista rusa. En no pocos casos este ha sido un problema determinante para la historia de ciertos estados europeos. Tal es el caso de Alemania, Austria e Italia en el siglo XIX, y de los países balcánicos, de los flamencos, polacos, checos, irlandeses, eslovacos, etc., en el siglo XX. Tal es por supuesto nuestro caso y en nada debe extrañarnos que hoy exista un problema de nacionalidades y regiones en España que, ni es exclusivamente nuestro, ni es ajeno al desarrollo de la historia contemporánea europea.

2. NOTAS PARA UNA TEORÍA DE LA NACIÓN

2.1. El concepto de nación

Es muy difícil una definición precisa y determinada de lo que es una nación, la variedad de formulaciones que ofrece el pensamiento académico acerca del problema, es buena muestra de ello. Esto no es casual, ya que al tratar de la nación, nos enfrentamos con una formación social difícil de analizar, que es producto del desarrollo social y, a la vez, uno de los factores más potentes, que inciden sobre el mismo. En realidad la nación es una relación social, que se modifica constantemente y que reviste significados muy diferentes según las condiciones históricas en que se desenvuelve.

2.1.1. **Stalin y la nación**

Sin entrar en otras definiciones de lo que es la nación, que parten de la raza o de un místico «espíritu» que anima a los pueblos, trataremos el concepto de nación desde el punto de vista del materialismo histórico, que considero como el más plausible y útil. La elaboración teórica por parte de éste, ha sido compleja y deberá seguir desarrollándose si quiere ser fiel a sus propios presupuestos teóricos. Las formulaciones de Stalin el año 1913, «congelaron» en gran medida las elaboraciones teóricas de los marxistas acerca del problema nacional. La afición de Stalin a

Stalin (1879-1953)

las definiciones simples que abarcasen fenómenos tremendamente complejos, le impidió en este caso, como en tantos otros, profundizar incluso en los aspectos justos de su propia teoría sobre la cuestión nacional, y que en no poca medida, obtuvo de otros marxistas precedentes. Dijo que la «nación es una comunidad humana estable, históricamente formada y surgida sobre la base de la comunidad de idioma, de territorio, de vida económica y de psicología, manifestada ésta en la comunidad de cultura», teniendo en cuenta que «sólo la presencia conjunta de todos los rasgos distintivos forma la nación». Pero lo fundamental, aparte de los aspectos positivos de su definición, no es ofrecer una colección de «elementos» que permita reconocer de manera simplista o práctica si tal o cual comunidad humana es o no es una nación. Lo importante es poder comprender la relación dialéctica, multilateral, que existe entre varios factores y que de una manera compleja explican el carácter histórico del fenómeno nacional y, a la vez, permiten una actuación consecuente con los planteamientos teóricos de que se parte, conforme a los intereses de la clase obrera y de la mayoría de la sociedad.

2.1.2. El carácter nacional

En la formación de la nación las relaciones económicas desempeñan un papel importante pero no exclusivo. También existen otros factores que inciden con un peso específico propio y relacionado con los demás de forma variada. Tales pueden ser la lengua, la cultura, las instituciones, etc. Es difícil que al depender el carácter de la nación de determinadas condiciones socio-históricas, exista un carácter fundamental, decisivo y único para siempre.

Efectivamente, si bien existen en una nación factores relativamente permanentes, el carácter nacional cambia conforme va desarrollándose la historia. El carácter nacional es un producto de la historia. No funciona como una «fuerza invisible y que se basta a sí misma», como una fuerza que se mueve de forma misteriosamente autónoma. El carácter nacional es en realidad «un simple medio de intervención de otras fuerzas», es la apariencia que oculta «el hecho de que la historia de los antepasados, las condiciones de su lucha por la existencia, las fuerzas productivas que los dominaban y las relaciones de producción que establecían entre sí, determinan también el comportamiento de sus descendientes. Esto explica la enorme fuerza del sentimiento nacional. Es el medio por el que intervienen en cada momento presente otras fuerzas, que son las determinantes de las características peculiares de cada nación. Esas fuerzas —según Otto Bauer— son «el modo de trabajo de los hombres, ... los medios de trabajo que utilizan, ... las fuerzas productivas que dominan, ... las relaciones que establecen en la producción». Es, en definitiva, el medio por el cual la historia de los antepasados influye también en la vida de los descendientes. Desde este punto de vista «la nación no es un ser preexistente, sino un devenir y una desaparición continuas» y desde este punto de vista no son justas las críticas que Stalin hace a Bauer y en realidad la teoría de éste no puede calificarse demasiado rápidamente de psicológica, como lo hizo Lenin.

2.1.3. **El movimiento político nacional**

Sin embargo, el hecho de que existan unas determinadas condiciones objetivas que determinen la existencia de la **nación,** no quiere decir que automáticamente exista un **movimiento político nacional** que actúe y se mueva de manera que se haga notar y tener en cuenta. En primer lugar se necesita una cierta «auto-conciencia» nacional que en alguna medida se expresa en el plano cultural, en el plano político o en los dos a la vez. Esto explica la importancia decisiva, fundamental, que tiene que un grupo de intelectuales inicialmente, un partido político, o una clase social, expliciten de alguna manera el sentimiento nacional. Sólo esto es lo que puede hacer que éste deje de llevar una vida soterrada, inconsciente en el seno de los pueblos, para pasar a ser un factor operativo en el movimiento intelectual o político y convertirlo en movimiento nacional de masas.

2.1.4. Las clases sociales y la nación

El proceso de diferenciación de las diversas clases sociales en una nación, es clave para comprender cómo, qué y quién explicita o expresa el carácter nacional en cada etapa histórica. O. Bauer que ve este proceso de explicitación del carácter nacional como un fenómeno cultural, eso sí muy complejo, afirma que en realidad la nación sólo la constituyen los que tienen acceso a la cultura, es decir, las clases dominantes y explotadoras «... las amplias masas populares no constituyen la nación». K. Kautsky le critica diciendo que esto es ingenioso y en cierta manera justo, pero que imposibilita comprender «la fuerza de la idea nacional en todas las clases en el momento actual y de comprender los fundamentos de los conflictos actuales que agitan a pueblos enteros», es decir, a su juicio imposibilita comprender el carácter de movimientos de masas que adquieren los movimientos nacionales. La respuesta de Kautsky acerca de que la lengua es el vínculo más sólido de la unidad de la nación, con ser importantísimo, y a considerar muy seriamente, no resulta suficientemente explicativa de ese carácter de masas. La preocupación de Kautsky acerca de «la fuerza de la idea nacional en todas las clases» y que en Bauer aparece como una «exageración», como una formulación primitiva y deficiente («sólo las clases dominantes ... constituyen la nación»), no es otra cosa que la **práctica de la hegemonía de las clases dominantes sobre las demás clases de la nación.** Lo que ocurre es que la nación se identifica con la exteriorización de esa hegemonía, que por lo general ha venido ejerciendo la burguesía como clase dominante.

2.1.5. **El socialismo y la nación**

Por otra parte el que la unidad de la cultura de las clases dominantes, situadas por encima de las masas trabajadoras, sea un elemento expresivo básico de la nación en el período del capitalismo, nos permite ir más lejos en la teoría de la nación desde el punto de vista del socialismo.

En el socialismo, la cultura de la nueva clase hegemónica —la clase obrera en un sentido amplio— se caracterizará por el máximo desarrollo del hombre, por la participación de todos en la educación, el trabajo y el ocio. Además si junto a esto los factores determinantes de las particularidades de cada nación vienen dados —como hemos visto— por el modo de trabajo, los medios de trabajo, las fuerzas productivas y las relaciones de producción y éstas serán cualitativamente distintas en el socialismo que en el capitalismo, es por lo que creemos que **en cada etapa debe existir una teoría de la nación correspondiente**

Lenin (1879-1924)

a su vez a las clasese que hegemonizan el proceso en cada una de ellas. Esto plantea un problema importante a la clase obrera y a sus aliados, el de la necesidad de tener su propia teoría acerca del problema nacional y el de que responda a él, sin «seguir», no ya conscientemente, por supuesto, sino incluso tampoco inconscientemente, a la teoría burguesa de la nación.

2.2. **Estado y nación**

2.2.1. **La confusión entre estado y nación**

La coincidencia práctica que se ha dado entre estado y nación en ciertos países de Europa occidental y el interés que han tenido algunos en resaltar que lo pretendidamente «normal», «lógico» y «frecuente» es esa coincidencia, ha hecho que en castellano, nación y sus derivados, indiquen conceptos íntimamente ligados al de Estado. Sin embargo, la realidad es mucho más compleja y aclararla puede contribuir a deshacer múltiples equívocos y acusaciones.

Muchas de las confusiones teóricas acerca del problema nacional, proceden de que en la consideración del mismo se solapan el plano de la Nación y el plano del Estado.

El Estado es un poder «nacido de la sociedad, pero que se pone por encima de ella y se divorcia de ella más y más», como decía Engels. Desde el punto de vista de la burguesía, en realidad es un aparato de dominación y opresión, un instrumento a través del cual ha ejercido y ejerce su poder en todos los planos de la vida.

La Nación, como hemos visto, es una relación social compleja a cuya formación y peculiaridades han contribuido el modo de trabajo, los medios de trabajo, las fuerzas productivas y las relaciones de producción que, a lo largo del proceso histórico han protagonizado y van protagonizando la vida de una comunidad humana determinada, territorialmente situada y cuya conciencia como tal ha sido explicitada en general por la burguesía, u otra clase social.

2.2.2. La base económica del movimiento nacional no lo explica todo

Partiendo de estas premisas, creemos que, con frecuencia, se ha simplificado diciendo que la base de un movimiento nacional es fundamentalmente económica. Parece necesario matizar esto, en el sentido de señalar que lo que ha tenido fundamento económico es el movimiento político que la burguesía ha realizado para controlar o crear un aparato de Estado como instrumento de su poder. Claro es que ese movimiento político, ha intentado identificarlo preferentemente con el sentimiento nacional, cuyas bases no son sólo económicas sino, como hemos visto, una compleja relación dialéctica entre la infraestructura y la superestructura a lo largo del proceso histórico.

La tendencia de la burguesía a crear, en base a los movimientos nacionales que ha hegemonizado, Estados-nacionales centralizados que son los que mejor corresponden a sus intereses, ha sido la considerada como típica en el período capitalista. Este era el mejor medio para que se extendiera la producción mercantil y para conquistar el mercado interior de un Estado.

2.2.3. El estado plurinacional

De hecho la realidad ha sido mucho más variada. La diversificación de las condiciones en las que viven los habitantes de un mismo territorio, hace difícil que exista un carácter nacional único. Esta tendencia a la diversificación del carácter nacional se ve favorecida por múltiples factores: la variedad geográfica, la cultura o incultura, o bien por la diferencia que existe en el ritmo de desarrollo social (feudalismo-capitalismo) de las diferentes zonas que compongan un determinado territorio extenso. Como lo explica K. Kautsky, no todos los Estados pueden alcanzar una forma nacional única, y dentro de ellos pueden subsistir vestigios de los diferentes elementos nacionales que lo han formado, llegando a formarse verdaderos Estados multinacionales. Este es el caso de Estados como Bélgica, Suiza, U.R.S.S., Yugoslavia, etc. Incluso los Estados considerados como nacionales (Inglaterra con Gales y Escocia, Francia con Bretaña, etc.), arrastran secuelas del viejo Estado plurinacional del que proceden.

2.2.4. **La lengua, la nación, y el estado.**

En los Estados la unificación lingüística ha sido un instrumento básico para conseguir la centralización que pretendía la burguesía. Sin embargo, esto ha provocado efectos contrarios a los deseados en muchos casos, al crear en las nacionalidades oprimidas, un sentimiento de coacción evidente. Esa coacción y opresión se manifiesta en el hecho de que se pretenda imponer una lengua dominante determinada, por ejemplo en la enseñanza, a la que los habitantes de la nación oprimida no se habitúan porque piensan en otra distinta. Igualmente aquellas se manifiestan en la vida profesional, en los tribunales de justicia o en la mismo actuación de los funcionarios del Estado, porque a través del predominio de una lengua que les es ajena, los habitantes de las naciones oprimidas, aún en el mejor de los casos con una teórica igualdad de derechos, se encuentran en desventaja respecto de los habitantes que hablan la lengua dominante.

2.2.5. **Hegemonía de clase y problema nacional**

Si a la lengua añadimos la cultura, la ciencia, la técnica, etc., el problema se hace más complejo todavía y si además se ha alcanzado un cierto grado de desarrollo económico capitalista y existe una burguesía, u otra clase social, que se siente con fuerza como para intentar actuar por su cuenta, comprenderemos fácilmente que en esas naciones oprimidas se cree un movimiento de hostilidad hacia el Estado centralista en el que viven. Una burguesía marginada, hegemónica dentro de su nacionalidad, puede promover así un movimiento político basado en lo nacional, con el fin de lograr un Estado independiente cuyos resortes de poder le permitan ejercer su dominación.

Es claro que esta aspiración, si aparece, no es caprichosa o arbitrariamente «separataista», en no poca medida es producto de una reacción, de un mecanismo de defensa, que actúa frente a un Estado centralista que, de forma sutil o agresiva, la margina y oprime al pueblo de la nación de que se trate. Con frecuencia esa actitud «separatista» no es un planteamiento previo para los movimientos nacionalistas dentro de un Estado centralista, sino que más bien lo que se propone la burguesía —y como veremos éste ha sido nuestro caso en gran medida— es lograr una parcela del poder del Estado intentando que éste pierda su carácter centralizador y le permita a ella actuar conforme a sus intereses.

El que un Estado tenga un carácter plurinacional es desde luego fuente de dificultades y de problemas que sólo podrán ser resueltos creando circunstancias objetivas favorables para su solución por medio de cálculos prudentes de los grupos políticos que actúan tanto en las nacionalidades particulares, como a nivel de Estado, pero siempre reconociendo el interés que para todos tiene la defensa de las culturas nacionales, la fuerza de los sentimientos nacionales y la legitimidad de la defensa de los derechos y las libertades nacionales. El problema difícil de resolver surge cuando en las nacionalidades predomina una ideología nacionalista que pretende maximizar sus propias ventajas, sin considerar a las demás comunidades nacionales o regionales del Estado. Por esto para los trabajadores y el pueblo en general es fundamental hegemonizar la lucha nacional volcándola e integrándola en el camino de la liberación general de los hombres, teniendo en cuenta que un mundo socialista no tiene por qué llevar a la uniformidad, fusión y desaparición de las culturas nacionales, en una pretendida cultura mundial y uniforme. Antes bien, el socialismo vivificará las diferentes culturas nacionales, vinculándolas solidariamente entre sí por un auténtico internacionalismo libre y voluntariamente asumido por todos.

2.2.6. **El derecho a la autodeterminación**

Por último conviene decir unas palabras acerca del derecho a la autodeterminación. A toda nación claramente diferenciada debe reconocérsele el derecho de la autodeterminación, es decir, el derecho a separarse o no de otras colectividades nacionales extrañas y en consecuencia el derecho a formar un estado nacional independiente si así se decide libremente. Este es un derecho general a reconocer a toda colectividad nacional, porque si éstas no deciden voluntariamente en algún momento su vinculación a un estado determinado, nunca sentirán satisfechas sus legítimas aspiraciones nacionales. La acusación, proveniente de la derecha, de que el reconocimiento del derecho a la autodeterminación de una nación, es causa de la «disgregación del estado», o causa del «separatismo» es falsa. Lo que empuja a los pueblos a la separación, es la opresión nacional de que son objeto y no el que puedan expresar libre y democráticamente su deseo de pertenecer o no a un estado determinado. Por lo demás, los trabajadores y el pueblo en general son los que mejor saben por experiencia cotidiana, cuando los lazos geográficos, económicos, históricos, culturales e incluso estratégicos les unen a otros pueblos o naciones dentro de un mismo estado, preservando a la vez la posibilidad de mantener y desarrollar dentro de él sus propias peculiaridades nacionales.

3. PORQUÉ EXISTE EL PROBLEMA NACIONAL EN EL ESTADO ESPAÑOL

3.1. Formación del Estado Español

El proceso de formación del Estado Español explica en cierta manera el por qué de la existencia en España de un complejo problema de nacionalidades y regiones. Ahora bien, en realidad, en la consideración de lo que eufemísticamente se ha llamado «hecho diferencial» de diversas regiones españolas, convendría distinguir dos etapas distintas. La primera que podríamos denominar como la de la «pre-historia» del problema nacional y la segunda, la de la verdadera configuración histórica del problema.

Por lo que respecta a la que llamamos «pre-historia» de nuestro problema nacional y regional, no debemos dejar de tener en cuenta el largo proceso de formación del Estado en España desde el siglo X al XVII. Es un proceso histórico en el que en una primera parte se van creando e individualizando los diversos Estados cristianos peninsulares: Galicia, León, Castilla, Navarra, Aragón, Valencia, Cataluña, etcétera, a costa de una compleja lucha, y a la vez relación, con el poderío y cultura musulmana de El Andalus. En una segunda parte y a partir del tratado de Alcaçobas con el rey de Portugal en 1479, Castilla y Aragón forman una unidad política que a pesar de todo es bastante menos sólida de lo que suele pensarse. Entre ambos reinos siguió habiendo fronteras y aduanas, los castellanos eran extranjeros en Aragón y viceversa, estando mutuamente imposibilitados para obtener cargos públicos, las Cortes seguían siendo independientes y la moneda, el idioma, las leyes y las costumbres también eran diferentes. La única institución común fue la Inquisición, creada en 1481: el Consejo de la Inquisición y el Inquisidor General, residentes en Castilla, extendían también su jurisdicción a los reinos orientales. Ninguno de los Austrias utilizó el título de Rey de España, sino los de rey de Castilla, Navarra, Aragón, etc. La realidad es que estos antecedentes históricos, es decir, la forma en la que los diversos reinos hispano-cristianos, occidentales y orientales van desarrollándose económica, social y políticamente, debe ser tenida en cuenta si se quieren comprender las bases remotas de los modernos movimientos nacionales dentro del Estado español. Sin embargo, lo más característico, el rasgo más decisivo de todo este período de la historia de España, no es como se ha pretendido incorrectamente identificar ésta con las sucesivas «ampliaciones de Castilla». Lo que marca lo que hemos llamado la «pre-historia» de los movimientos nacionales en España, no es en realidad el predominio de Castilla sobre Cataluña, el País Vasco, Galicia o las demás regiones, lo que es esencial, y bien diferente, es que en todo ese primer período **se consolida el poder de la nobleza terrateniente a través** del Estado absolutista, en el que desarrolla los caracteres más centralistas en su propio provecho.

Con los Borbones es con quienes comienza realmente la estructuración en España de un Estado moderno. A lo largo del siglo XVIII se acentuó el absolutismo real y el rey pasó a ser la encarnación, con un poder absoluto, del Estado. Tras la Guerra de Sucesión a la Corona de España, Felipe V, por medio de los «Decretos de Nueva Planta», impuso la organización político-administrativa que pesaba sobre Castilla a los territorios de la antigua Corona de Aragón. Este sistema fue implantado progresiva y sistemáticamente en todas partes: en Valencia el año 1707, en Aragón en 1711, en Mallorca el 1715 y en Cataluña y Menorca el 1716 y el 1782 respectivamente. Así, el Estado español alcanzó una estructura político administrativa uniforme de la que únicamente se salvaban Vascongadas y Navarra. En realidad los decretos de nueva planta no eran otra cosa que la aplicación de los proyectos del conde-duque de Olivares, que ya había intentado unificar todo el Estado «al estilo y leyes de Castilla», viendo frustrada su iniciativa por las sublevaciones de Cataluña, Portugal y Andalucía en 1640.

3.2. Desarrollo capitalista, burguesía y aristocracia

Con Carlos III, la monarquía borbónica llevó adelante un impresionante proceso de unificación política y económica por medio de la abolición de fronteras y aduanas interiores, la libertad de comercio, el fomento de la industria, la construcción de rutas y canales a cargo del Estado, la creación de museos, bibliotecas, escuelas superiores etc.

Dice P. Vilar que «el impulso del siglo XVIII había sido la oportunidad para la unidad española», en la era de Carlos III «los choques entre región y nación, entre Catalunya y España, entre Estado y fuerzas vivas provinciales, parecían amortiguados...». Por su parte Vicens Vives dice refiriéndose al caso catalán «Si Cataluña se ha encontrado bien en alguna ocasión en el conjunto del Estado español ... esta situación corresponde con toda evidencia al reinado de Carlos III».

Es decir, el siglo XVIII es el «corte» con el pasado de división, potencialmente España podría haber logrado su unificación política y económica. Las bases que se sentaron en el siglo XVIII hubieran necesitado para consolidarse de la conservación del Imperio y la intensificación de las relaciones económicas con las colonias, el aumento del poder adquisitivo del mercado interior y la consiguiente modificación de la relación agraria existente y, en definitiva, la consolidación del poder de la nueva burguesía industrial y comercial en toda España y no sólo en ciertos territorios de la periferia.

Sin embargo, las consecuencias de la Guerra de 1808 y el consiguiente hundimiento político, social y económico de la sociedad española, acabaron con aquellos potenciales factores de unificación. El absolutismo de Fernando VII impidió la posibilidad de que se llevase a cabo un **pacto** libremente aceptado por todos, del tipo del que habló Pi y Margall en su obra sobre las Nacionalidades, que unificase al Estado de una manera real y profunda. Pero el Imperio se hundió, la desamortización fracasó, el mercado interior no se consolidó y la antigua bandera de dominación de la nobleza terrateniente, la cogió la nueva oligarquía agraria que surgió de la Desamortización.

La burguesía fue incapaz de aprovechar las coyunturas favorables que se le presentaron (1820-1823; 1834-1843; 1856) para quebrar el poderío de la aristocracia terrateniente. Fue impotente para aprovechar el período revolucionario de 1868 a 1873 y la I República. En los inicios de esta última coyuntura política, por ejemplo, la burguesía industrial catalana mantuvo sentimientos liberales que fueron modificándose hasta desembocar en la Restauración. Con el predominio de los librecambistas de Figuerola en el poder, así como con el peso propio que demostraba la clase obrera, derivó hacia el proteccionismo y hacia el con-

Proclamación de la I República en el Congreso.

servadurismo político. En definitiva, la burguesía industrial catalana decidió jugar la carta del pacto con la oligarquía terrateniente; es significativa a este respecto la entrada de Alfonso XII por Barcelona, al desembarcar en España. Sin embargo, pronto se daría cuenta la burguesía catalana de que con eso no iba a resolver sus problemas.

El común objetivo proteccionista y el temor a la fuerza ascendente de la clase obrera hizo que los intereses de la oligarquía terrateniente y los intereses cerealistas en general, por una parte y la burguesía mercantil e industrial ligada a la industria transformadora catalana, a la metalurgia y siderurgia vascas y a la minería asturiana se fundieran en el pacto que definió la Restauración. Pero la nueva oligarquía financiera y terrateniente consolidó su poder a través de un Estado centralista y burocrático, que no sólo ahogó las aspiraciones políticas y sociales de las clases populares, sino que progresivamente se enfrentó también con sectores de la propia burguesía mercantil e industrial. Además, temerosa —como recuerda Miguel Martínez Cuadrado— de «las experiencias de autonomía republicanas federales, que traducían los deseos reformadores de los municipios y regiones españolas», las combatió con saña «sin saber cuánto pudo haber de positivo en tales reivindicaciones».

Es precisamente a lo largo de la Restauración canovista y en concreto, a partir de la crisis del sistema mismo —crisis colonial del 1898, crisis triguera, etc.— cuando surgen y se consolidan los modernos movimientos nacionales en Cataluña, Euzkadi y Galicia, basados en la existencia previa de caracteres nacionales específicos claramente delimitados. ¡Recordar hoy al canovismo como solución política, es recordar un triste precedente para las aspiraciones nacionales y regionales en nuestro Estado! El Estado de la Restauración no sólo volvió al sistema liberal anterior a la I República, sino que además derogó al régimen foral vasco y otros regímenes especiales. Este proceso desembocaría hacia 1916 en una situación en la que no sólo se consolidó un catalanismo anti-monárquico, un nacionalismo vasco tradicional radical y anti-alfonsino y un galleguismo nacionalista o republicano, sino que también surgieron amplias corrientes de opinión y grupos políticos que desde otros lugares querían una solución auténtica al problema de los «particularismos regionales».

Considerando ahora exclusivamente el punto de vista económico, el problema nacional surgió en el siglo XIX al fracasar las dos desamortizaciones del suelo y del subsuelo, malográndose la creación de unas bases naturales, agrícola y minera, en la que podría haberse asentado entre nosotros el modelo clásico de la revolución Industrial —a la inglesa— y su expresión política en un Estado nacional. Aquél, se desarrolló a partir de la historia, la tradición, la lengua y cultura peculiares, pero se consolidó como tal problema tras la inadaptación del sistema político y social a las nuevas realidades económicas del siglo XIX y en concreto a las nuevas necesidades planteadas tras la pérdida de las posesiones continentales de América. La industria decimonónica no pudo contar con un mercado interior amplio, ni con una cierta división del trabajo, haciendo que tanto los sectores económicos (energético, agrario, bienes de consumo e industria algodonera), como las diferentes zonas y regiones geográficas de España no llegaran a componer entre todas una verdadera economía unificada. Esto provocó el estancamiento del sector energético en Asturias, el tradicionalismo del sector agrario en Castilla y el despilfarro de recursos propios y el aumento innecesario de las importaciones de Cataluña y Valencia.

Pero las dificultades que encontró la creación de una economía verdaderamente cohesionada y la consiguiente formación de un Estado nacional único, como en Francia e Inglaterra, no impidió que se consiguieran ciertos logros en el camino de la industrialización. El problema es que quedaron muy localizados espacial y geográficamente, primero en Cataluña y más tarde en el País Vasco.

Es, por ejemplo, en Cataluña donde se dan los cambios agrícolas indispensables para el despegue industrial. P. Villar ha demostrado cómo desde 1715, la transición hacia el modo capitalista de producción se operó a partir de la intensificación y especialización de los cultivos (viñedo, frutales, morera, etc.) acostumbrándola a producir no para el consumo, sino para la venta. El campo catalán, según explica J. Na-

Proclamación de la II República en Madrid el 14 de abril de 1931.

dal, procuró las bases iniciales a la industria catalana, liberando la fuerza de trabajo que nutrió inicialmente la aglomeración barcelonesa y las colonias fabriles instaladas en las cuencas del Llobregat y alto Ter. La inmigración desde otras regiones, adquirió importancia sólo muy a finales de la centuria. Sin embargo, esto no ocurre en Castilla que ve consolidar sus arcaicas estructuras agrarias y fracasar sus primeros intentos industrializadores de la siderurgia «Palentino-Leonesa» de Sabero (León), la algodonera «Vidal, Semprun y Cía.» en Valladolid y el textil de Béjar, la hulla leonesa y palentina y la azucarera de Valladolid. Andalucía conoció la decadencia de Málaga-Sevilla como posible centro minero siderúrgico y Asturias no encontró salida adecuada a su riqueza carbonífera. Son precisamente estas condiciones, las que provocan los desequilibrios económicos interregionales que, unidos a la ausencia de una burguesía que limitada por el predominio de una aristocracia poderosa, fue incapaz de dirigir el proceso industrializador de toda España y las previas transformaciones agrarias precisas a aquél.

3.3. Evolución del problema nacional en España

La evolución del problema nacional es compleja y difícil de resumir. Sólo intentaremos recordar los hitos fundamentales de la historia de Cataluña, el País Vasco y Galicia, con ánimo, no exahustivo, de ayudar a comprender las líneas maestras de los nacionalismos históricos más desarrollados en el Estado español.

3.3.1. Cataluña

La tendencia unificadora y centralista que a lo largo de la historia habían llevado al Estado centralista dominado por la nobleza terrateniente a ahogar las formas de expresión y las peculiaridades catalanas, se vieron fortalecidas en el siglo XIX. El año 1822 fue abolido el Código Penal catalán y el año 1829, el Código de Comercio. Antes, en 1825, había sido abolido el uso del catalán en la escuela primaria.

El comienzo del movimiento nacional catalán se sitúa, con más o menos razón, en el año 1833, fecha en la que Aribau publicó su «Oda a la Patria» en el diario «El Vapor». Rubió y Ors logró en 1859, el restablecimiento por el Ayuntamiento de Barcelona de los «Juegos Florales» de poesía en catalán. Bofarull, Milá y Fontanals, realizaron importantes trabajos históricos. La prensa en catalán comenzó con «Un troç de paper» y más tarde con «Lo gay saber». Federico Soler colaboró en el renacimiento del teatro catalán.

Esta sería la Renaixença, y la expresión del inicio de una nueva conciencia nacional catalana.

En lo político Almirall, discípulo de Pí y Margall, restableció el 1886 las bases de esta conciencia con su obra «Lo Catalanisme». Pero en realidad sería Prat de la Riba el que, sintetizando las aspiraciones proteccionistas de la burguesía industrial catalana, del regionalismo rural, tradicional y conservador así como del federalismo, encarnaría el pleno desarrollo del nacionalismo catalán. En 1890, con 20 años, fue presidente del «Centre Escolar Catalanista» y al año siguiente secretario de «Unió Catalanista». Participó en la redacción de las «Bases de Manresa» (1892) en la que se defendía que, dentro de una España federal, Cataluña controlase su propia administración, pudiera emitir su propia moneda y decidir las modalidades de su participación en la defensa nacional.

A fines del siglo XIX, el movimiento nacional catalán madura en las ideas y en los hechos. El año 1897 Prat de la Riba habla abiertamente de «El hecho de la nacionalidad catalana» en el Ateneo barcelonés. Dos años más tarde «La Veu de Catalunya» hasta entonces semanario, comienza a publicarse como diario bajo su dirección. Con estas bases logró crear la Lliga Regionalista, que era el instrumento buscado por una burguesía que se sentía marginada y exasperada ante las deficiencias de un Estado que le era ajeno, tras

Valentí Almirall (1841-1904)

haber intentado antes el compromiso con el Gobierno de Madrid a través de Polavieja. Con su obra «La Nacionalitat Catalana» (1906) Prat aportó al catalanismo una clara ideología nacionalista, expresando la aspiración de un Estado Catalán dentro de una Federación de Estados hispánicos. La burguesía catalana ante el «desastre» del Estado centralista y burocrático, necesitaba su propio aparato de poder, su propio Estado. Sin embargo, estas posiciones «radicales», no irían muy lejos de los hechos. El representante de sus intereses a nivel de Estado sería **Francisco Cambó**, su figura, como la de Prat que centró su actividad política a Cataluña, es decisiva para comprender toda una época del nacionalismo catalán.

En novimebre de 1905 y como consecuencia de que el Gobierno promulgase la denominada Ley de Jurisdicciones, limitando la libertad en general y suspendiendo las garantías constitucionales en Cataluña, se creó una coalición electoral catalana que comprendió desde los hasta entonces republicanos ortodoxos y anticatalanes de Salmerón hasta los carlistas. La denominada «Solidaritat Catalana» obtuvo una victoria aplastante en las elecciones de abril de 1907, en base a un programa «posibilista» que suavizaba las reivindicaciones autonomistas de las Bases de Manresa.

Cambó confió en Maura para que éste reconociera al menos en parte la «personalidad» de Cataluña, pero no logró más que una ley de régimen local corporativista y antidemocrática. Aún con ello Cambó intentó defender su «posibilismo» diciendo que «si rechazamos el proyecto perderemos la posibilidad de realizar parte de nuestras aspiraciones y nadie sabe cuándo volverá a presentarse esa oportunidad». Cambó confiaba en modificarlo, pero como ocurre con toda actitud que en política no lleva la iniciativa, tuvo que sufrir en 1908 la derrota electoral y la victoria de los republicanos radicales de Lerroux. Con el «posibilismo» perdió Cataluña, entonces, la posibilidad de conquistar su autonomía. El año 1909, «Solidaritat» se escindió, perfilándose las que serían las dos ramas fundamentales del catalanismo. La primera, «realista», formada por una burguesía industrial dispuesta a la alianza con el poder del Estado centralista, con Cambó a la cabeza. La segunda con una posición nacionalista más decantada y consecuente, agrupaba bajo la dirección de Maciá y Companys a una burguesía media que unía catalanismo y democracia. Por entonces el «radicalismo» verbalista de Pere Corominas, que no le impidió llegar a un acuerdo con Lerroux, enemigo de Cataluña, hizo que el catalanismo democrático no consolidase sus posiciones, dejando el campo libre de nuevo a la Lliga que, en 1911, apareció como el único instrumento «eficaz» del catalanismo. Posibilismo y radicalismo formal coincidieron, tal vez sin quererlo, en perjuicio de Cataluña y la democracia.

En las elecciones de 1907, Prat de la Riba logró

Enric Prat de la Riba
(1870-1917)

ocupar la presidencia de la Diputación Provincial de Barcelona y, junto con sus aliados en el Ayuntamiento, utilizaron todo el peso de la administración local en favor de la cultura catalana y el catalanismo. El día 20 de julio de 1911, Prat reunió a todos los diputados, decidiendo que una comisión formada por los presidentes de las cuatro Diputaciones catalanas, redactaran un Anteproyecto de ley para la constitución de una Mancomunidad de Cataluña. Canalejas en octubre de 1912 sometió el Anteproyecto al Parlamento, pero el Senado lo paralizó. Fue Dato el que lo sacó adelante por Real Decreto de 18 de diciembre de 1913, concediendo a las cuatro diputaciones el derecho a mancomunarse a efectos **exclusivamente administrativos,** con fines limitados y condiciones muy determinadas. La Mancomunidad estaba formada por una Asamblea de diputados, un Consejo Permanente con un Presidente y ocho consejeros de Cultura e Instrucción; Caminos y Puentes; Obras Hidráulicas; Ferrocarriles y Teléfonos; Agricultura y servicios forestales; Beneficencia y Sanidad; Política Social y Hacienda.

Bajo el impulso de la Mancomunidad, a través de la Sección Filológica, se emprendió la tarea de fijar la lengua catalana, siendo Pompeu Fabra el gran artífice de la reforma ortográfica y del establecimiento de una normativa moderna.

La obra realizada en general fue positiva y Prat de la Riba bien a través de la Diputación, bien de la Mancomunidad logró que fueran creadas gran número de instituciones culturales. Entre estas destacan la Universitat Industrial, L'Escola del Treball, L'Escola Superior de Bells Oficis, L'Escola Superior d'Agricultura, L'Escola de Bibliotecaries, L'Escola d'Infermeres, Museu de la Ciutadella, Servei d'Investigacions Arqueològiques, Servei Aerològic de Catalunya, Servei Geogràfic y Estudis Universitaris Catalans. En general fueron impulsadas la técnica y las ciencias aplicadas al desarrollo industrial.

La clave de la concesión de la Mancomunidad por el poder central era la de que por un lado creaba un débil reflejo de la antigua región histórica y por otro lado no quitaba al Estado ningún poder que **ya antes no hubiera sido concedido a las Diputaciones** provinciales.

Pero el logro de ciertos resultados positivos de la Mancomunidad, expresión de la viveza del sentimiento nacional catalán y del deseo de la burguesía de la Lliga por administrar, distaba en realidad mucho de la autonomía y no digamos de la autodeterminación. Así se vio cuando la Lliga trató de extender sus funciones en el sentido autonómico, solicitando que se le delegaran ciertos poderes hasta entonces pertenecientes al Estado. Cambó trató de presentar la autonomía como parte de la visión de una Gran España basada en gobiernos regionales fuertes. Pero para la clase dominante y para los políticos que controlaban el poder no era ese el problema, sino que lleveban las cosas al terreno de la pura descentralización administrativa que para ellos era compatible con el Estado, no así las «autonomías» que lo destrozarían.

El catalanismo moderado de Cambó y Prat a través de la Mancomunidad y del intento de «acuerdo» permanente con los poderes centrales reaccionarios y antidemocráticos, dentro de la monarquía constitucional, fracasaría de nuevo. Por un lado el catalanismo moderado nunca representó a las masas en Cataluña, no pudiendo lograr un movimiento nacional de masas y por otro lado su «autonomismo-posibilista» siempre se vio atrapado por sus aliados, de hecho conservadores y centralistas, en el gobierno de la monarquía.

Es enormemente ilustrativo para comprender el papel de la burguesía catalana de cara al problema nacional conocer todo lo ocurrido en torno a la Asamblea de Parlamentarios en «la crisis de 1917». Aquí la gran burguesía industrial catalana pretendió lanzar una vasta operación política que le permitiera lograr por vía constitucional y pacífica, pero con un gran temor a la intervención de la clase obrera —que de hecho fue la gran protagonista de «la crisis»—, su acceso al «poder central» del Estado español, utilizando en su provecho la reivindicación catalanista, para traicionarla una vez conseguida su «parcela» en el poder central.

En la primera mitad del año 1917, diputados y senadores catalanistas habían pedido varias veces la apertura de las Cortes estrellándose con la negativa de Sánchez Guerra. En junio, Cambó anunció que en vista de ello los parlamentarios catalanistas y regionalistas invitarían a todos los diputados y senadores de España. El primero de julio, en nombre de la Lliga, el Sr. Abadal convocó a una asamblea a los parlamentarios catalanes, que se reunieron el día 5 en el

Francesc Cambó (1876-1947)

Ayuntamiento de Barcelona. Allí llegaron a las siguientes conclusiones:

a) Es voluntad de Cataluña la obtención de un régimen de plena autonomía.
b) Es de gran conveniencia para España el transformar la organización del Estado basándolo en un régimen de autonomías que aumente la cohesión orgánica y facilite el libre desenvolvimiento de las energías colectivas.
c) Pedir al gobierno la reunión de las Cortes que en función de Constituyentes, resolvieran sobre la organización del Estado y las autonomías. Si esto no se lograba se convocaba para el día 19 de julio a una Asamblea de parlamentarios extra-oficial que tratase estos temas.

El gobierno no cedió, la Asamblea de parlamentarios se reunió pero fue disuelta por la policía, siendo presentada su celebración como una «fecha memorable para la autonomía y para la salvación de España». Sin embargo la realidad era otra. La Asamblea significaba el enfrentamiento de la burguesía industrial y mercantil catalana apoyada por la vasca y la asturiana con la oligarquía latifundista de Castilla y Andalucía detentadora del Gobierno desde el comienzo de la Restauración. ¡Lo importante no era la autonomía y la salvación de España, sino el acceso al poder «central»!

En efecto, conforme la clase obrera comenzó su poderoso movimiento huelguístico, la Lliga se esforzó en seguida por dejar claro que no tenía nada que vez con la huelga y manifestó su disposición a llegar a un acuerdo con el poder que detentaba la oligarquía latifundista-agraria y su distanciamiento de la radizalizada pequeña y media burguesía catalana nacionalista.

La gran burguesía catalana logró sus objetivos y

tras la segunda Asamblea de Parlamentarios celebrada en el Ateneo de Madrid el día 3 de noviembre, se formó un nuevo gobierno que presidido por el Marqués de Alhucemas incluía a dos hombres destacados de la Lliga Regionalista, tras la negociación de Cambó con Romanones. Más tarde, ante la nueva crisis de gobierno, Cambó mientras en Barcelona decía en el Palau de la Música Catalana que la autonomía era una perspectiva inmediata, en Madrid lle-

Francesc Macià (1859-1933)

gaba a un acuerdo con Maura, García Prieto y Alba para formar un «gobierno de concentración nacional» en el que en definitiva tanto pesaban los intereses del gran capital, como los de la aristocracia terrateniente.

En octubre de 1918, Cambó salía otra vez del gobierno y de nuevo utilizaba la presión del movimiento catalán para situarse en el poder central: en diciembre, reunido en Asamblea en la Mancomunidad junto a Maciá, Marcelino Domingo, Puig y Cadafalch, Rahola, Abadal, Moler y Largo Caballero, declaraba que era inaplazable «la instauración en Cataluña de una autonomía integral que reconozca la total potestad de un Parlamento y de un Gobierno catalanes». Igualmente se tomaron medidas para redactar un Estatuto de Autonomía. La Asamblea se volvió a reunir el 25 de enero de 1919 aprobando el proyecto de Estatuto que fue refrendado el día siguiente por 1.046 de los 1.072 Ayuntamientos catalanes. Romanones por su parte auspició un Estatuto más restringido que puso a una discusión interminable en las Cortes.

El golpe del 13 de septiembre de 1923 de Primo de Rivera acabó con todo. El dictador cambió primero al presidente de la Mancomunidad, luego la disolvió en 1924, prohibió la bandera y la lengua catalanas en las Corporaciones oficiales. La desolusión producida por el fracaso de la campaña en favor de la autonomía y la represión, hicieron que la gran burguesía perdiera el control del catalanismo, pasando éste a manos de las clases medias que desesperaban de encontrar una solución válida dentro de la Monarquía. El descontento que en estos sectores provocaba la actitud «posibilista», de colaboración con el poder central, fue aglutinando a ciertos sectores nacionalistas radicales que empezaron a crear una alternativa al nacionalismo conservador de la gran burguesía.

El año 1922, el diputado a Cortes y ex-teniente

coronel de Ingenieros Francisco Maciá creó la organización nacionalista Estat Català. A raíz del 13 de septiembre en el que Primo de Rivera se hizo con el poder, Maciá abrigó la esperanza de organizar un golpe de mano por el que lograse instaurar la República catalana, como primer elemento de la República Federal española. A partir del mes de abril de 1925, lanzó un empréstito de más de nueve millones, para allegar recursos suficientes para realizar la operación. Se alistaron catalanes y algunos italianos, entre éstos el coronel Riccioti Garibaldi que era agente provocador al servicio de varios policías. El 4 de noviembre de 1926 se concentraron en Prats de Molló, en el Pirineo catalán-francés, varios centenares de conspiradores, siéndole muy fácil a la gendarmería desbaratar la intentona. Fueron detenidas más de 200 personas. En enero de 1927, se celebró en Francia un juicio que además de imponer varias condenas formales y dejar inmediatamente en libertad a todos, se convirtió en realidad en un proceso contra la monarquía y la dictadura españolas. Únicamente Maciá, Ventura Gassol y otros catalanes, fueron expulsados de Francia.

A lo largo de la dictadura de Primo de Rivera, el movimiento catalanista fue tomando cada vez más cuerpo. El clero catalán, por ejemplo, con el cardenal Vidal y Barraquer a la cabeza, defendió su derecho a predicar en la lengua materna. Al final de la dictadura, existían en Cataluña varios partidos: Estat Català, presidido por el doctor Jaime Aiguadé; Acció Catalana con Nicolau d'Olwer y el grupo dirigido por Lluhí Vallescàs en torno al periódico «L'Opinió». Por su parte, la Unió de Rabassaires, mantuvo viva su organización gracias a Companys.

Más tarde, cercana la ruptura democrática de 1931, los grupos catalanes de izquierda se reunieron en Barcelona bajo la presidencia de Maciá fundando la Esquerra Republicana de Catalunya que aglutinó a Estat Català, al grupo de «L'Opinió» y a otros que, habiendo combatido a la Dictadura, fueran republicanos, de izquierda y partidarios de la autonomía de Catalunya. Por su parte, continuó Acció Catalana de Nicolau d'Olwer, de la que se escindió Acció Republicana de Catalunya de Rovira y Virgili.

La ruptura democrática pacífica que supuso el 14 de abril de 1931 y la iniciación del período constituyente de la II República, supuso para Catalunya la primera posibilidad real de solución de su problema nacional.

En el Pacto de San Sebastián se había acordado que la autonomía para Catalunya debía ser votada y concedida por las Cortes Constituyentes. Sin embar-

Manifestación ante la Generalitat en Barcelona con motivo de la proclamación de la República.

go, Maciá, tratando de forzar este reconocimiento, proclamó inmediatamente la República Catalana «como Estado integrante de la Federación Ibérica». El día 17 de abril, Fernando de los Ríos, Marcelino Domingo y Luis Nicolau d'Olwer, en nombre del Gobierno provisional de la República, salieron a Barcelona para negociar con Maciá la necesidad de que se atuviera a lo acordado en el Pacto de San Sebastián, ofreciéndole, a cambio, garantías respecto de la rápida convocatoria de un plebiscito en Cataluña que votase el Estatuto. Pero esto no fue suficiente hasta que el mismo Alcalá Zamora viajase a Barcelona el día 25 de abril y, tras llegar a un acuerdo de base, ante un público indescriptiblemente entusiasmado, se abrazase con Maciá. A los tres días quedó constituido el Primer Gobierno de la Generalitat que debería preparar el Estatuto de Autonomía que tras un plebiscito popular, tendría que ser presentado a las Cortes Constituyentes. Esto suponía el triunfo de la Esquerra Republicana, que en tan sólo veintidós días destruyó la fuerza del catalanismo conservador de la Lliga, enormemente desacreditada por los **llamamientos de última hora** que Cambó hizo al rey. Las multitudes cantaban ¡Viva Maciá - Muera Cambó! expresando el giro democrático que se había producido en el movimiento nacional catalán.

El Gobierno Provisional de la Generalitat comenzó su tarea autonómica nombrando una comisión que presidida por Jaume Carner se reunió, en el Hotel refugio de Nuria, redactando el 14 de julio de 1931, un proyecto de Estatuto de Autonomía. Éste se plebiscitó en Catalunya el 2 de agosto, que fue una fecha apoteósica para Maciá y para lo que él representaba. El Estatuto fue votado por más del 75 % del censo electoral y aprobado por el 99 % de los votantes. Ese día por la tarde «L'Avi» pronunció las palabras de «Ja som lliures... Ningún poder humano logra-

ESTATUT
DE
CATALUNYA
TEXT CATALÀ OFICIAL APROVAT
PEL CONSELL DE LA GENERALITAT
EN SESSIÓ DE 5 D'OCTUBRE DE 1932
1932

rá doblegar la voluntad del pueblo catalán ... no dejéis que os mueva la amargura ni el odio ... Cataluña será grande entre las naciones civilizadas».

El 15 de agosto, el proyecto de Estatuto fue llevado personalmente por Maciá a Madrid, esperando que su aprobación en las Cortes fuera rápida. Sin embargo, las cosas no fueron ni tan fáciles, ni tan rápidas y hasta el 6 de marzo de 1932 —¡casi nueve meses más tarde!—, no comenzó en las Cortes la discusión de otro Estatuto que había preparado una Comisión parlamentaria presidida por Luis Bello. Por su parte, los diputados catalanes presentaron como voto particular el proyecto de Nuria, plebiscitado en Cataluña. En el preámbulo de éste se hacía constar la aspiración a una estructura federativa del Estado español y en el primero de los 25 artículos de que constaba el proyecto, se decía que «Cataluña es un

Manifestación con motivo de la aprobación del Estatuto de Autonomía el 24 de septiembre de 1932.

Estado autónomo dentro de la República española». Entre otras cosas se preveía también que la lengua oficial en Cataluña debía ser el catalán. Sin embargo, la discusión parlamentaria fue muy dura y se introdujeron modificaciones importantes al proyecto catalán. Entre otras modificaciones, a Cataluña se la definía como «región autónoma integrante del Estado español», suprimiendo la aspiración federativa para el Estado español. Se reconoció al catalán como idioma oficial en Cataluña, pero en igualdad de condiciones para el castellano.

La ofensiva contra el Estatuto la encabezaron Gil Robles, Royo Villanova, Maura, Melquíades Álvarez, Sánchez Román, Pradera, Maeztu, Ortega y Gasset, Unamuno y otros. Pero la voz decisiva en el debate sería la de Azaña que, en una intervención memorable, el 12 de mayo de 1932 replicó a las objeciones presentadas por aquellos defendiendo con firmeza la voluntad expresa de Cataluña, «Cataluña dice, los catalanes dicen: queremos vivir de otra manera dentro del Estado español. La pretensión es legítima, es legítima porque la autoriza la ley, nada menos que la ley constitucional, la ley fija los límites que debe seguir esta pretensión y quién y cómo debe resolver sobre ella. Los catalanes han cumplido estos trámites y ahora nos encontramos ante un problema que se define de esta manera: conjugar la aspiración particularista o el sentimiento o la voluntad autonomista de Cataluña con los intereses o los fines generales y

Alcalá Zamora con Macià
(16-4-31)

permanentes de España dentro del Estado organizado por la República». Fue la mayor defensa de Cataluña que nunca se hubiera hecho fuera de ella. Esta intervención era la expresión de que no sólo dentro de la nacionalidad catalana, sino que también fuera de ella, eran muchos los que entonces, como hoy, aspiraban y aspiramos, al inicio de una solución justa del problema nacional catalán. Cuando terminó Azaña su discurso, Luis Companys gritó ¡Viva España!, respondiéndole aquél con el «¡Visca Catalunya!».

A pesar de todo la discusión se prolongó más de lo deseado. Mientras, la derecha intentó promover manifestaciones anticatalanas fuera del principado. La sublevación de Sanjurjo el 10 de agosto de 1932, permitió romper las últimas resistencias al Estatuto, siendo aprobado por las Cortes el 9 de septiembre por 318 votos a favor y 19 en contra, siendo rubricado al día siguiente en San Sebastián, como acto político que expresaba la voluntad de la República de reconocer a Euzkadi, la misma autonomía que acababa de reconocer a Cataluña. Azaña viajó oficialmente a Barcelona días después y junto con Maciá y Companys sellaron pública y apoteósicamente el unánime consenso logrado en torno al Estatuto. El 20 de noviembre se celebraron elecciones al Parlamento de Catalunya, logrando la mayoría, con 61 diputados, la Esquerra Republicana, Acció Catalana y Unió de Rabassaires; 5 diputados de la Unió Socilista de Catalunya y 1 de la Unió Democràtica. La oposición de la Lliga sólo con-

Lluís Companys (1833-1940)

siguió 16 diputados. El estatuto de hecho fue una victoria importante para las fuerzas democráticas de Catalunya y de toda España. Contra él estaban la Lliga y los terratenientes del Institut de Sant Isidre en Catalunya y toda la reacción derechista y centralista fuera de ella. Fue la alianza, de hecho, entre las fuerzas democráticas de Cataluña y las del resto del Estado español, junto a la presión popular catalana, las que lograron, en 1932, para Cataluña una libertad, de la que no había disfrutado en los últimos doscientos años.

Macià fue designado presidente de la Generalitat y Companys del Parlamento. La obra de la Generalitat fue enorme en multitud de aspectos. Sobre todo fue ingente su tarea cultural y pedagógica. Cataluña se encontró de nuevo consigo misma y pudo exteriorizar y desarrollar las grandes potencialidades que encierra su pueblo. El catalán fue lengua exclusiva para los niños de 4 a 6 años y a partir de esa edad en las escuelas catalanas, se enseñaba 3 días en catalán y 3 días en castellano. Se construyeron nuevas escuelas, los salarios de los maestros fueron aumentados. Los libros de texto fueron totalmente renovados, la enseñanza pasó a ser mixta y de carácter libre. La Universidad Autónoma se convirtió en una institución de gran prestigio. El Institut d'Estudis Catalans se convirtió en el centro de la renovación cultural y lingüística. La Associació Protectora de l'Ensenyança Catalana adquirió mayor importancia y realizó un trabajo de masas. La Fundació Patxot aumentó los premios para trabajos científicos, la Universitat Industrial, l'Escola del Treball, l'Escola Normal y otras instituciones mejoraron su rendimiento científico y pedagógico. Aumentaron las ediciones de libros y revistas, el número de bibliotecas, de centros recreativos, de museos, de agrupaciones dramáticas, de orfeones, etc. Con un instrumento propio de autonomía, basado en las condiciones de la democracia en Cataluña y en todo el Estado español, la conciencia nacional catalana se convirtió en un motor de creatividad constructiva y de fuerza política democrática.

Maciá murió en Barcelona el 24 de diciembre de 1933. Companys fue elegido presidente de la Generalitat, formando un gobierno de concentración de izquierdas. En enero de 1934, mientras en las elecciones generales de la República triunfaba la coalición Radical-Cedista, en Cataluña ganó la Esquerra robusteciendo la autoridad de la Generalitat que forzosamente tenía que entrar en conflicto con el centralismo y el derechismo de la coalición vencedora a nivel estatal.

Así fue efectivamente. El Parlamento catalán comenzó su obra legisladora, intentando resolver los problemas de los rabassaires por medio de la «Llei de Contractes de Conreu» aprobada el 11 de abril de

Manuel Azaña (1880-1940)

1934. Los campesinos catalanes a través de esta Ley de Contratos de Cultivo veían así sancionada por la ley su aspiración y su derecho a la adquisición de las tierras que trabajaban. Pero, sin embargo, se planteó un serio conflicto entre el Gobierno de la República y el Gobierno de la Generalitat Catalana. Los grandes propietarios catalanes incapaces de impedir la aprobación de la ley en el Parlamento catalán, lograron que fuera declarada inconstitucional por el Tribunal de Garantías Constitucionales, que fue sostenido en su decisión por el Gobierno radical de Samper. Con el conflicto, más político que jurídico, la derecha intentó humillar a Cataluña y negarle su derecho a legislar conforme a su realidad específica a través de su Parlamento constitucional.

La Generalitat no aceptó el fallo del Tribunal de Garantías Constitucionales. El 12 de junio de 1934 los diputados catalanes —excepto los de la Lliga— abandonaron sus escaños en las Cortes, siendo apoyados por los vascos. Los catalanes reaccionaron apasionadamente en apoyo de su Parlamento, a la vez que reafirmó la postura que había adoptado. La extrema derecha y especialmente Royo Villanova, organizaron mitines en contra de las libertades nacionales de Cataluña, que con frecuencia eran contestados por los propios trabajadores no catalanes, con los gritos de ¡Visca Catalunya!

El Gobierno Samper, ante la difícil situación que se creaba, cerradas las Cortes en el verano, negoció con el catalán una solución de compromiso. El Parlamento catalán elaboró un Reglamento de la Ley de Contratos de Cultivo y promulgó un texto refundido de la Ley suprimiendo los preceptos tachados de inconstitucionales.

Ante esto la Lliga y los terratenientes catalanes del Instituto Agrícola Catalán de Sant Isidre organizaron una concentración en Madrid el día 8 de septiembre para lograr la anulación de la Ley votada por el Parlamento Catalán. Pero en Madrid se produjo un hecho nuevo en la Historia de España. En señal de réplica y bajo la consigna de «ni pan ni sal» a los terratenientes enemigos del pueblo catalán y de solidaridad con las instituciones autonómicas de éste, se convocó el mismo día una huelga general de 24 horas en la que participaron más de 200.000 trabajadores madrileños de las fábricas, los transportes urbanos, los espectáculos públicos, los hoteles y los cafés. Por primera vez en nuestra Historia, en una lucha masiva, se situaba el problema nacional en unos términos claros. No se trataba de que «los catalanes» conquistaran sus derechos a costa de «los castellanos», sino de que el pueblo catalán conquistara y defendiese sus libertades nacionales, junto a los demás pueblos del Estado español y de que todos juntos conquistaran y defendiesen sus derechos frente al unitarismo antidemocrático de la oligarquía dominante.

El 4 de octubre de 1934 con el acceso de la CEDA al poder, participando en el gobierno formado por Lerroux se desencadenó en toda España una acción revolucionaria «contra la amenaza fascista», que, aunque mal articulada —las tres grandes corrientes del movimiento obrero actuaban cada una por su cuenta, los campesinos estaban agotados por la larga huelga de la primavera y el verano—, tuvo una inmensa potencia de masas y una significación decisiva en nuestra historia contemporánea.

En Cataluña el movimiento revolucionario fue enormemente complejo. La CNT a una actitud pasiva, unía su enfrentamiento con la Generalidad. La Alianza Obrera organizó una gran manifestación en las Ramblas y la Plaza de San Jaime, pidiendo al gobierno de la Generalidad que rompiese sus relaciones con el gobierno central reaccionario, proclamase la República Catalana y armase al pueblo. Los nacionalistas de Dencás y los hermanos Badía extremaron sus posiciones como consecuencia del anticatalanismo que los radicales y la CEDA ejercían desde el poder. Por último, el Ejército apoyaba al gobierno central.

Companys intentó controlar la situación y «dirigir» el movimiento, proclamando la República Catalana. A las 8 de la tarde del día 6 de octubre —y en la creencia de que toda España estaba en rebelión— salió al balcón de la Generalidad y se dirigió a los miles de personas congregadas, proclamando el «Estado Catalán dentro de la República Federal Española», invitando a establecer en Cataluña el Gobierno provisional de aquélla, ya que «hallará en nuestro pueblo catalán, el más generoso impulso de fraternidad en el común anhelo de edificar una República Federal libre y magnífica». El separatismo del que les acusó Lerroux, era simplemente separación de «las fuerzas monarquizantes fascistas que —como

Consell de la Generalitat en la cárcel de Madrid. Diciembre de 1934.

dijo Companys— de tiempo atrás pretenden traicionar a la República, han logrado su objetivo y han asaltado el poder».

Pero los enfrentamientos entre las fuerzas en presencia y la falta de una coordinación con el resto del Estado, permitieron a los artilleros del General Batet, mandados por el comandante Unzué sitiar el palacio de la Generalidad y las Casas Consistoriales, haciendo que Companys, viendo inútil toda resistencia, se rindiera haciéndose responsable de todo lo sucedido. Fue detenido junto con sus consejeros y varios concejales, parlamentarios y oficiales de asalto. En junio del siguiente año fueron condenados a 30 años de prisión. Mientras tanto Lerroux intentó reformar la Constitución para restringir la conquista de los derechos autonómicos logrados por los pueblos de España.

Sólo el triunfo electoral del Frente Popular —Frente de Izquierdas en Cataluña— lograría poner de nuevo en vigencia el Estatuto de Cataluña. El 21 de febrero se reunió el Parlamento Catalán, eligiendo otra vez a Companys como presidente y a sus consejeros de octubre del 34 como nuevo Gobierno de la Generalidad. Sin embargo, la sublevación anti-republicana acabaría con esta nueva etapa del movimiento nacional catalán.

A lo largo de la guerra civil, las instituciones autonómicas catalanas siguieron vigentes y, aunque en condiciones tremendamente complicadas y adversas, fueron junto con el pueblo catalán sostenedoras inquebrantables de las posiciones democráticas y republicanas. Por esto, cuando las tropas del general Franco entraron en Barcelona el día 15 de enero de 1939 y más tarde ocuparon toda Cataluña, no solamente se paralizó allí toda la vida democrática y el movimiento nacional catalán, sino que verdaderamente se puede decir que, como los demás pueblos de

España, Cataluña perdió la guerra. El primer acto de dominio sobre los catalanes fue el de la supresión de su Estatuto e instituciones autonómicas.

A partir de ese momento hubo un claro intento de arrancar al pueblo catalán su propia lengua. Se prohibió el catalán en las escuelas, se liquidaron sus propias instituciones culturales y científicas, se suprimieron los diarios, las revistas y las ediciones de libros en catalán. Se cubrió toda Cataluña de carteles agresivos y provocadores que fomentando el encono y la división, les gritaban a los catalanes: «¡Españoles, hablad la lengua del imperio!». Sólo por este intento brutal de yugular, no ya un determinado movimiento político, sino la propia conciencia que un pueblo tiene de sí mismo, su propia lengua, el pueblo catalán merece la solidaridad y el apoyo de los demás pueblos de España, verdaderamente ajenos a una acción que, de por sí, está contra la conciencia solidaria que debe unir a los pueblos.

A pesar de todo el pueblo catalán, ya desde la clandestinidad y bajo la represión supo hacer valer sus propios derechos. En 1942 aparecieron los primeros textos en catalán, en la propaganda clandestina de PSUC. El año 1947 fue detenido el responsable del periódico clandestino comunista catalán «Treball», órgano del PSUC, y fusilado en el campo de la Bota el 17 de febrero de 1949. Los comunistas —aparte de las acciones aisladas de algunos núcleos anarquistas— fueron los únicos que lograron organizarse en los años iniciales de postguerra y en unas condiciones de durísima represión, sostuvieron la primera bandera del movimiento nacional con su prensa clandestina en catalán, colocando banderas catalanas o haciendo «pintadas» en catalán.

Tras el fin de la Segunda Guerra la literatura catalana inició sus primeros tímidos intentos de supervivencia y recuperación. En mayo de 1946 apareció el primer número de «Ariel» y más tarde «Antologia», «Occident» y «Temps», revistas que sin alusiones políticas de ningún tipo, eran en sí mismas un acto de resistencia política Salvador Espriu fue la primera figura de la nueva cultura catalana en aparecer, publicando el año 1948 su «Primera història d'Esther». Hasta el año 1950 sólo el esfuerzo de un reducido grupo de intelectuales mantuvo vivo el intento de reagrupar fuerzas, de salvar la lengua, de reconstruir las bases de la propia cultura.

Hasta tal punto se pretendió enmudecer al pueblo catalán que hasta el año 1952 se prohibió todo tipo de traducción al catalán y hasta el 1957, únicamente se autorizaba la reedición de obras en catalán ya editadas antes de 1939. En los años 50, gracias a su propio esfuerzo, se registró un importante renacimiento de la cultura catalana. Comenzaron a destacar nuevos autores. En los campos de la poesía, Espriu y Pere Quart; en la novela Pedrolo y Espinàs; en el ensayo Vicens Vives, Ferrater Mora y Fuster; en el teatro, en la arquitectura Moragas y Bohigas y en la pintura Tapies y otros, por citar sólo muy

Salvador Espriu.

pocos nombres expresivos del enorme esfuerzo colectivo realizado.

En la década de los 50 el nuevo movimiento obrero, en condiciones extremadamente duras y difíciles, comienza a levantar la bandera de la lucha de masas como instrumento de acción política. Sin duda esto va a marcar decisivamente el carácter de masas posterior que iba a tener, y hoy tiene, el movimiento nacional catalán. La clase obrera y los hombres de le cultura son los que abrieron las primeras fisuras por las que comenzó a emerger de nuevo la conciencia nacional en Cataluña. El día 1 de marzo de 1951 comenzó en Barcelona un boicot a los tranvías, en protesta por el aumento de tarifas, que duró 5 días. El día 6 un numeroso grupo de enlaces sindicales cuyos puestos habían sido conquistados por los obreros más combativos en las elecciones del mes de octubre anterior, discutieron con los jerarcas verticalistas acerca de un aumento de sueldo y al no llegar a un acuerdo convocaron la huelga para el día 12, contra la carestía de la vida. Duró 48 horas y se extendió a la metalurgia, la industria química y la construcción.

En abril de 1956 hubo huelgas por aumento de sueldos en Maquinista Terrestre y Marítima, Hispano Olivetti, Enasa, Seat, Fabra y Coats, etc. En diciembre del mismo año aumentaron las tarifas de los transportes urbanos y el PSUC, aprovechando la experiencia de cinco años atrás convocó un boicot a los mismos que se realizó en la segunda quincena de enero de 1957. El movimiento universitario realizó el 21 de febrero de ese año su primera Asamblea Libre de estudiantes en el Paraninfo de la Universidad de Barcelona. En marzo de 1958 también la clase obrera fue a la huelga en diferentes fábricas metalúrgicas y textiles reivindicando aumento de salarios y en solidaridad con los mineros asturianos en huelga.

La lucha de la clase obrera en Cataluña en la

década de los 50 fue la que posibilitó la aparición del movimiento nacional vinculado con la lucha antifranquista, abriéndole el camino para que expresara sus propias reivindicaciones en las dos décadas siguientes. Eso es lo que le ha permitido en estos últimos años —con una política propia— mantener, desarrollar y encabezar la lucha del pueblo catalán por sus libertades nacionales.

En octubre de 1959 se fusionaron los boletines de dos asociaciones católicas, creándose la revista mensual «Serra d'Or» íntegramente redactada en catalán. Este fue el primer medio de comunicación legal que existió desde 1939 entre escritores y lectores en catalán. En 1960 Salvador Espriu publicó «La Pell de Brau» y al año siguiente Pere Quart publicó «Vacances Pagades». El teatro y los ensayos, las traducciones fueron alcanzando niveles de importancia y a lo largo de los 60 se crearon editoriales catalanas (Edicions 62) o importantes colecciones en catalán. ¡Garantizar la supervivencia de una lengua y de una cultura había costado más de 25 años de lucha esforzada! Importancia enorme ha tenido y tiene el fenómeno de la Nova Cançó catalana que desde «Els Setze Jutges» en el año 1962 ha realizado una labor impresionante de difusión del catalán, facilitando al resto de los pueblos de España la comprensión inicial, primitiva si se quiere, pero extraordinariamente positiva, del carácter nacional específico de Cataluña. Ahí está el símbolo más palpable del famoso mayo del 68 en el que Raimon cantó en catalán en la siásticamente en catalán por más de diez mil estudiantes madrileños.

A lo largo de los años 60, de manera progresiva, la clase obrera —en una gran proporción, procedente de la emigración— desarrolló una importantísima lucha de masas en Cataluña, ligando su lucha social y política a las tareas de potenciación y difusión del movimiento nacional catalán. Junto a ella otros sectores de la población catalana: fuerzas de la cultura, de barrios, pueblos, comarcas y del campo, acabaron dando a todo el movimiento político de carácter social y nacional catalán unas dimensiones considerables. Pero junto a toda esa acción de lucha de masas, Cataluña ha logrado hacer patente su personalidad diferenciada, sobre todo en la década de los 70, gracias al inteligente esfuerzo unitario que en ella se desarrolló. La primera expresión este esfuerzo fue la **Comisión Coordinadora de Fuerzas Políticas de Cataluña** en la que, en torno a objetivos políticos democráticos y nacionales comunes, se unieron seis partidos políticos catalanes, que desplegaron una actividad política unitaria incansable de cara a Cataluña y también de cada a todo el Estado español. El año 1971 promovida por ella y por otros grupos que hasta un total de 13 se

Assemblea de Catalunya. Diciembre de 1970.

venían reuniendo en una Mesa de Partidos, así como por múltiples organizaciones y entidades de carácter socio-político, se celebró en Barcelona el día 7 de noviembre la Primera Sesión Plenario de la **Asamblea de Catalunya** a la que asistieron más de 300 representantes provenientes de toda la nacionalidad catalana.

La Asamblea definió en esta Sesión sus 4 puntos programáticos en torno a la consecución de la amnistía general, el ejercicio de las libertades democráticas fundamentales, el restablecimiento provisional de las instituciones y los principios configurados en el Estatuto de 1932 como vía para llegar al pleno ejercicio del derecho de autodeterminación y a la coordinación con todos los pueblos peninsulares en la lucha democrática. A partir de ese momento, la actividad política desplegada por la A.C. ha sido incansable: ocupación pacífica de Ripoll el 6 de octubre de 1972

Consell de Forces Polítiques de Catalunya (1975).

y luego de Vic, Granollers, Sant Cugat del Vallés, Sitges y Berga, la gran lucha por liberar a los 113 detenidos que, en diciembre de 1973, fueron acusados de pertenecer a la Comisión Permanente Ampliada de la Asamblea de Cataluña. Igualmente ha organizado las diversas conmemoraciones de la Fiesta Nacional de Cataluña el 11 de septiembre.

Por último, en enero de 1975, se constituyó y dio a conocer la formación del **Consell de Forces Polítiques de Catalunya** con los partidos Convergència Democràtica de Catalunya, Convergència Socialista de Catalunya, Esquerra Democràtica de Catalunya, Esquerra Republicana de Catalunya, Front Nacional de Catalunya, Partit Carlista de Catalunya, Partit Popular de Catalunya, Partit Socialista d'Alliberament Nacional del Països Catalans, Partit Socialista Unificat de Catalunya, Reagrupament Socialista Democràtic de Catalunya, Unió Democràtica de Catalunya. Sus objetivos son los de lograr un gobierno provisional de la Generalitat de Catalunya conforme a los principios e instituciones del Estatuto de 1932, reconocimiento de las libertades democráticas y sindicales, atención a los intereses más inmediatos del pueblo catalán, apoyo para que los habitantes del Pais Valencià» y les «Illes», así como los diversos pueblos del Estado español puedan expresar libremente su opinión acerca de sus situaciones específicas y por último apoyar la constitución de un Gobierno provisional del Estado que convoque Cortes Constituyentes elegidas por sufragio universal.

La dinámica específica de su lucha de masas, así como su proceso de unidad política es lo que ha permitido a Cataluña aparecer como una **nacionalidad con vida propia** reconocida por todos y que, sin duda, **ha contribuido a potenciar la alternativa democrática en el Estado español.**

ÍNDICE DE ILUSTRACIONES

TOMO I

TOMO II

LIBROS APARECIDOS DE LA BIBLIOTECA DE DIVULGACIÓN POLÍTICA

Cuáles son los Partidos Políticos de Catalunya,
de Josep M.ª Castellet y Lluís M.ª Bonet
Qué son las Dictaduras,
de Eduardo Haro Tecglen
Qué es la República,
de José Antonio González Casanova
Qué es el Búnker,
de Antonio Álvarez Solís
Qué son las izquierdas,
de Enrique Tierno Galván
Qué son los fascismos,
de José Luis L. Aranguren
Qué es el socialismo,
de Felipe González
Qué son las Comisiones Obreras,
de Nicolás Sartorius
Qué es el imperialismo,
de M. Vázquez Montalbán
Qué es el comunismo,
de Simón Sánchez Montero
Qué es el capitalismo,
de José M.ª Figueras
Qué es la Democracia,
de Manuel Jiménez de Parga
Qué son los nacionalismos,
de Carlos Sáenz de Santa María

PRÓXIMOS TÍTULOS

Cuál es el pensamiento de la Iglesia respecto de la política,
de Monseñor A. Palenzuela